LETTRE AUX PLANTEURS

PAR

S. HAURIGOT.

1862

LETTRE
AUX PLANTEURS.

Qu'est le Tiers-État? — Rien.
Que doit-il être? — Tout.
SIEYÈS.

Pointe-à-Pitre, le 1er novembre 1862.

MESSIEURS,

J'ai l'honneur de vous soumettre un projet destiné à procurer les plus grands avantages à ceux qui l'adopteront, et à créer dans la colonie le noyau d'une puissance capable de conjurer un jour la ruine générale dont elle est menacée.

Je ne crains même pas d'affirmer que la certitude du succès en est si facile et si mathématique, — pourvu toutefois qu'il soit bien conduit, — que l'esprit le plus chagrin ne saurait y découvrir une seule chance tant soit peu douteuse.

Mais avant de vous dire en quoi il consiste, je vous prie de me permettre quelques considérations qui me semblent propres à en faire ressortir la justice, la nécessité.

En France, outre cent industries des arts et métiers très-florissantes, il existe un grand nombre de productions agricoles capitales; et, depuis le Chef de l'État jusqu'au plus simple particulier, chaque citoyen qui s'enrichit consacre sa fortune, dans un âge quelconque, à diverses créations ou entreprises qui augmentent indéfiniment la prospérité publique.

Dans nos colonies, au contraire, il n'y a pas une industrie proprement dite digne d'être citée, et il n'y a qu'une seule production agricole capitale, — *le sucre*. Donc de cette production unique vivent tous ceux qui habitent nos îles : Les Banquiers et commissionnaires, les commerçants en tout genre, et ceux qui exercent des professions libérales et mécaniques.

Et non-seulement tous en vivent, mais beaucoup s'en enrichissent, à la seule condition de ne pas se lancer dans des spéculations aléatoires, et de ne pas se livrer à d'excessives dépenses.

Mais, en général, les fortunes réalisées ne servent point à des améliorations locales.

Presque toutes quittent le pays avec leurs possesseurs, tant Créoles qu'Européens; et, comme si ce n'était pas assez d'appauvrir le sol d'hommes et d'argent, il est de ces fugitifs qui, à Paris et dans les ports de mer, deviennent des détracteurs qui nous aliènent le crédit des capitalistes métropolitains.

Ainsi, l'émigration, l'absentéisme des riches, l'habitude de rendre tous les colons solidaires des fautes de l'infime minorité, sont trois malheurs qui contribuent fatalement à augmenter la détresse coloniale. Mais il ne faut pas les subir sans protestation, quoiqu'il soit impossible de les faire cesser.

Que deviennent, cependant, les producteurs de sucre, source de ces fortunes perdues pour le pays, que deviennent les Planteurs ?

Ils mènent, jusqu'à la mort, l'existence la plus laborieuse, la plus pénible sous tous les rapports... Trop heureux quand, au prix de leurs fatigues et de leurs privations, ils parviennent à préserver leur famille de l'expulsion du domaine paternel !

Oui, tel est le sort déplorable des Planteurs, à de rares exceptions près, tenant à des avantages tout individuels, qui ne sauraient devenir le partage de la généralité.

Mais vous savez cela comme moi, Messieurs; il est donc inutile d'entrer dans de plus grands détails; l'évidence n'a pas besoin de démonstrations.

Est-il rationnel que cette anomalie se perpétue? Que ceux qui enrichissent les autres continuent à s'appauvrir? Nul n'oserait le soutenir!

Dès lors, quiconque se préoccupe des intérêts coloniaux ne

doit-il pas rechercher les causes du mal, avec les moyens de le faire disparaître, ou tout au moins de l'adoucir?

Les causes sont graves et nombreuses; je ne dirai quelques mots que des deux plus saillantes.

La première, à mes yeux, c'est le coût de la main-d'œuvre, plus élevé aujourd'hui qu'autrefois, — je l'ai calculé avec un soin scrupuleux, — d'environ 150 francs par an, par travailleur; de sorte que celui qui en occupe 100 à son exploitation doit ajouter, chaque année, 15,000 francs, ou peu s'en faut, à ses anciennes dépenses.

La seconde, c'est le cours du sucre, qui, au lieu de s'élever, comme ce serait logique, en proportion des frais, tend chaque jour à baisser, au point qu'il est bien permis de craindre que le prix de vente ne couvre qu'à peine le prix de revient.

Je n'insisterai pas pour prouver ces deux faits; aveugle qui ne les voit pas.

Un remède lent, mais infaillible, contre ces maux, c'est de ne jamais se permettre de négligence sur aucun point d'administration; d'encourager et de stimuler les employés à l'exactitude au travail par un exemple constant; de redoubler de soins et de surveillance pour le traitement des immigrants et le pansage des troupeaux; de rompre avec la routine du passé pour la culture et la fabrication, et de séparer, quand c'est possible, ces deux branches de la production sucrière; en un mot, de suppléer par des combinaisons ingénieuses et un travail perfectionné à ce qui fait défaut.

Il est quelques savants qui trouveront ces vérités triviales et puériles; mais à ceux-là je n'ai qu'un mot à dire : je n'écris pas pour eux.

Pour les bonnes gens qui pensent que les vérités utiles ne sont ni métaphysiques, ni abstraites, mais usuelles et pratiques, j'ajouterai : il est de principe en France, parmi les agriculteurs éminents, surtout dans le Nord, qu'un hectare de terre bien revivifiée à l'air et au soleil, à la suite de profonds labours, ameublie par divers instruments aratoires, et très-largement fumée, rapporte beaucoup plus, quoique coûtant beaucoup moins, *net,* que deux hectares préparés comme autrefois.

A la Guadeloupe, les larges et profonds sillons adoptés d'abord à Saint-François, d'où ils se répandent; la terre hachée à la houe et relevée régulièrement au panier, afin qu'elle s'émiette et se bonifie sous l'action de l'atmosphère; la fumure doublée; tout a prouvé que le principe proclamé en France est surtout vrai pour la culture de la canne, dont les racines, qui montent à la surface, ont besoin, pour s'étendre, d'une terre meuble, et dont les jeunes plants, quand ils sont solidement enfoncés à l'ombre des sillons, résistent mieux à la sécheresse, fléau qui reparaît à peu près tous les ans.

Il est donc à désirer que la culture de Saint-François soit pratiquée partout où elle est possible; et les mauvaises herbes disparaîtront; les sarclages, qui prennent tant de journées coûteuses, seront annulés; le sol, qui semble appauvri, sera renouvelé; c'est-à-dire que les dépenses diminueront, et cependant les revenus seront meilleurs.

Mais ce n'est pas tout de produire de belles cannes en abondance; il faut les réduire en sucre; et, dans la fabrication, il faut qu'on s'attache fortement à bien faire une chose qu'on a trop négligée jusqu'à ce jour, et qui est fondamentale, indispensable, — l'épuration du vesou.

Avec une bonne défécation et les soins ordinaires pour la cuisson, on obtiendra de beau sucre dans n'importe quel appareil; tandis qu'après une mauvaise défécation, quels que soient les soins et les appareils, on n'obtiendra que de mauvais sucre, à moins d'un filtrage du sirop au noir animal, ce qui coûte trop cher.

A ce sujet, je ne pense pas qu'il soit oiseux de dire un mot des résultats obtenus, devant moi, par M. de Reizet, dans sa fabrication courante, à l'aide du *saccharifère,* dont il est l'inventeur avec M. Guesde.

Avant sa découverte, il ne réussissait à produire chez lui que du sucre très-inférieur; avec son saccharifère, et sans rien changer d'ailleurs à son ancien enivrage, à son installation, à son personnel, il obtient un vesou si limpide, qu'il n'a besoin ni de paletage, ni d'écumage, ce qui procure diverses économies et un rendement supérieur, — et son sucre est d'une nuance de plusieurs francs au-dessus du type bonne 4e.

Délayé par moi dans de l'eau de pluie, ce sucre m'a donné une agréable boisson, d'une teinte de jeune vin blanc; et, bien qu'il n'eût que quelques heures d'égoût, il n'a laissé au fond du verre ni résidu sirupeux, ni impureté quelconque, ce qui constitue une qualité précieuse pour le raffinage.

Quoique le saccharifère Reiset et Guesde puisse être utilement employé même dans les simples équipages Père Labat, je crois que, pour obtenir une meilleure défécation, base essentielle, il faudrait ajouter au moins, à la suite de la *grande*, et sur un plan assez élevé pour faire couler le vesou par un robinet, une grande chaudière en cuivre; ce n'est ni très-coûteux, ni bien difficile.

Mieux vaudrait encore un équipage système Bourbon, avec turbines, comme j'en ai vu un fort beau chez M. Dubos, à Courcelles; mieux et par-dessus tout un appareil perfectionné de Cail et Cie, comme il en existe divers *spécimens*, entre autres chez M. Victor Roussel, qui a obtenu, m'a-t-on assuré, une plus-value de 17 ou 18 francs, pour ses magnifiques sucres à gros cristaux; non pas sur 100[k], mais sur 50 kilogrammes, comme on calcule généralement; ce qui est vraiment merveilleux.

Mais comment songer à ces grands perfectionnements, sur une vaste échelle, dans l'état de détresse où est plongée la colonie, malgré le secours du Crédit colonial?

La découverte Reizet et Guesde ne serait-elle pas un de ces faits providentiels, que Dieu tient toujours en réserve pour aider les hommes courageux à triompher des crises les plus violentes?

Je voudrais que mon opinion eût plus d'autorité; car, d'après ce que j'ai vu, si je n'ose dire que l'agent Reizet et Guesde, d'un coût insignifiant, est une certitude comme le noir animal, d'un coût effrayant, je crois du moins qu'il est une grande espérance... Puissé-je ne pas me faire illusion ! Puisse cette découverte verser, à la récolte prochaine, un peu de baume dans le cœur désespéré des Planteurs !

Au surplus, je me suis laissé entraîner à esquisser mes idées sur ces questions générales dans l'espoir d'être utile; mais je dois m'empresser de déclarer qu'elles ne se rattachent qu'indirectement à mon sujet; car la culture de la canne, la fabrication du sucre, et toutes choses y relatives peuvent rester ce qu'elles sont ou se modifier; — n'importe ! — à conditions égales sous tous autres rapports, le sort des Planteurs qui adopteront mon projet diffèrera, *du tout au tout*, du sort de ceux qui ne voudront ou ne pourront pas l'adopter.

Pour entrer en matière, et sans crainte d'être contredit, je crois pouvoir affirmer que *cinq* Planteurs sur *dix* s'endettent annuellement de 5 à 6,000 francs, que *quatre* autres nivellent les recettes et les dépenses, en se logeant, se nourrissant et s'habillant d'une manière pitoyable, et qu'enfin *un seul* gagne 5 à 6,000 francs, *le tout en moyenne.*

Eh bien ! par mon projet, je prétends préserver les premiers de leur ruine inévitable, procurer, en dix ans, 50 à 60,000 francs aux seconds, et le double de cette somme à ceux qui la gagnent maintenant, dans le même laps de temps.

Pourtant, je n'ai nulle intention de demander un brevet d'invention; chaque Planteur qui raisonne a dû penser à ma combinaison; mais comme aucun ne l'a encore ni divulguée, ni démontrée, ni surtout pratiquée un peu convenablement, je veux essayer de le faire. Car les pères nourriciers d'un pays doivent cesser d'y être regardés comme des parias; les propriétaires du sol ne doivent plus y occuper le dernier plan, mais le premier; ceux qui travaillent plus que tous méritent d'être plus heureux que tous... Là est la vérité, la justice; et toutes les clameurs du monde ne feront point qu'il en soit autrement.

Or donc, Messieurs, le moyen pour arriver à ce beau résultat est aussi simple, et pourtant aussi assuré que celui de Christophe Colomb pour faire tenir un œuf debout : il consiste, tout uniment, à supprimer, à votre égard, les *cinq* ou *six* intermédiaires qui gagnent sur chacun de vous 5 à 6,000 francs par an, et à les gagner vous-mêmes.

Ce n'est pas difficile, et c'est certain, vous écriez-vous tout d'abord; mais vous ajoutez : Est-ce praticable ?

N'avons-nous pas besoin d'intermédiaires à peu près tous les jours ? Faut-il que chacun de nous ait en ville un magasin et un représentant ? Et où en prendre les moyens, en supposant que les bénéfices doivent excéder les frais ?

Je réponds : il est évident qu'un seul Planteur, fut-il très-riche, ne saurait réaliser, *avec fruit*, la suppression des intermédiaires; pas plus qu'un conquérant, fut-ce un demi-dieu, ne saurait vaincre, à lui seul, la garnison d'une forteresse; mais de même qu'une armée d'hommes ordinaires fait la conquête d'un empire en marchant unie et bien dirigée, de même des Planteurs ordinaires, en s'unissant dans une bonne direction, feront la conquête d'une fortune.

L'union, l'association, voilà la puissance dans tous les temps, mais surtout de nos jours.

Une maison de commerce commanditée par des Planteurs, et pour eux-mêmes, voilà ce que je propose.

Sans doute la gêne que j'ai constatée est un obstacle à la réalisation de ce projet, mais il n'est pas le plus grand. Le plus grand, c'est l'absence d'esprit d'association.

On m'objectera, peut-être, que la répugnance des Planteurs à s'associer provient des difficultés et des dangers dont sont hérissées les associations qu'on leur a proposées jusqu'à ce jour.

Tant mieux que la véritable cause de l'esprit d'isolement soit là; car mon association ne présentant ni difficultés, ni dangers, ainsi que je le ferai voir aux moins clairvoyants, et toucher du doigt aux plus incrédules; les bénéfices étant certains, sans risques, ainsi que je le prouverai par des chiffres; j'espère avoir autant d'adhérents que de lecteurs, et tous ceux qui ne pourront l'être immédiatement de fait le seront de cœur, d'aspiration pour l'avenir.

Car la masse ne pourra s'associer que successivement, quand elle sera libérée par ses efforts ou par l'assistance du Crédit foncier, qui pourrait faire tant de bien, et sans aucun péril, même en ne prêtant dans les villes que jusqu'à concurrence de la valeur du terrain, et à la campagne que sur la valeur intrinsèque du sol, en attendant mieux....

Pour débuter convenablement, pour planter un jalon qui sera comme un centre d'attraction, je ne demande d'abord que *dix planteurs, soit deux sur cent,* sur l'ensemble qui existe à la Guadeloupe, avec un apport de 10,000 francs chacun.

Or, dix Planteurs pouvant disposer de cette modique somme sont-ils introuvables? Si cela était, la colonie ne serait pas seulement malade, elle serait morte!

Mais, quoi qu'en disent des pessimistes, nous n'en sommes pas encore là, et, s'il était convenable de mettre des noms propres en avant, je pourrais en citer beaucoup plus que je n'en demande pour le début, et plus encore capables de les suivre de près.

Quant au nombre de *dix,* à 10,000 francs d'apport social au moins, je le juge indispensable; — afin que chacun n'ait à supporter qu'une légère part des frais généraux; afin que les achats de bois américains, se payant comptant sur place, puissent être effectués en cargaison; afin que des remises puissent être expédiées en France pour acheter en fabrique, et sur les lieux de production, les objets nécessaires aux ménages et aux exploitations; enfin, pour que les résultats obtenus, et publiés dans les journaux chaque année, soient assez sensibles pour satisfaire les sociétaires et provoquer de nouvelles adhésions.

Je suppose que l'association fut réalisée, il me semble que ses statuts pourraient être formulés dans ce sens :

L'apport social de chacun est fixé à 10,000 fancs, par propriété ordinaire, et les bénéfices sont divisés en autant de parts que de propriétés.

Une propriété double nécessitera une mise double, et donnera droit à deux parts de bénéfice.

Tout adhérent futur sera obligé d'apporter une mise égale à la part de chaque associé d'après le dernier bilan. D'abord, au bout de la première année, il est très-probable que les parts seront de 15,000 francs; ainsi de suite, comme pour les actions de la Banque, et autres, dont le cours s'élève sans cesse.

Le capital primitif sera entièrement consacré à des achats de marchandises, et les sociétaires auront à pourvoir à leur salaire par un emprunt en Banque ou autrement.

Si le concours du Gérant est nécessaire pour cet emprunt, ou pour mise en magasin des sucres, afin d'emprunter sur dépôt, pour cause de mévente, ou de villité de prix, il coule de source que ce concours sera aussi empressé que possible.

En attendant que le chiffre des profits soit assez élevé pour ne traiter les affaires qu'au comptant, le Gérant sera autorisé à souscrire des billets, pour certains objets déterminés, sous la raison sociale, et les objets ainsi achetés seront vendus de même, aux associés comme aux étrangers.

Toutes les autres marchandises seront vendues en compte courant, *et au cours;* car si l'on devait prélever le bénéfice à chaque acquisition, outre le désavantage de tarir la prospérité sociale à sa naissance, il y aurait celui d'une répartition inégale et injuste, tous les associés ne pouvant consommer des quantités identiques.

Quant à la commission de vente des sucres, elle sera fixée à 4 p. 0/0, *sans magasinage ni autres frais en ville.*

Comme à toute opération il faut une direction unique, sous peine de tomber dans le chaos, le gérant agira ordinairement sous sa responsabilité; mais les sociétaires nommeront deux d'entre eux pour l'assister de leurs conseils, au besoin, et pour tout contrôler chaque fois qu'ils le jugeront utile.

Élus pour un an seulement, avec le titre de censeurs, ces deux sociétaires pourront être réélus indéfiniment, mais leurs fonctions seront purement honorifiques.

Les fonctions du Gérant auront la même durée que le premier terme de la société : dix ans; et, tout son temps devant être consacré aux affaires sociales, outre une part à déterminer dans les bénéfices, il prélèvera une somme fixe tous les mois pour ses besoins personnels.

En cas de mort, ou de toute autre cause d'incapacité du

Gérant, dûment constatée, il sera pourvu à son remplacement par les sociétaires.

En cas de mort d'un associé, ses héritiers auront à déléguer l'un deux pour le remplacer dans les affaires de l'association.

La part revenant au Gérant, mort ou devenu incapable, sera payée à ses ayants droit, au plus tard le 31 décembre suivant le décès ou la retraite motivée.

Il y aura réunion générale obligatoire tous les ans, afin d'entendre et de vérifier le rapport du Gérant, sur les opérations, les bénéfices, et la situation de la société.

En cette occasion, tout sociétaire aura le droit de faire les observations et propositions qu'il croira utiles; mais, s'il y a dissidence, la minorité sera tenu de se ranger à l'avis de la majorité, comme cela se pratique, inévitablement, en toute association.

Afin de prévenir, autant que possible, tout malentendu, j'ai énuméré, de mon mieux, les charges et obligations; il me reste à en faire autant pour les avantages et les bénéfices.

1° Gagner vous-mêmes le magasinage, la commission de vente, et tout ce que gagnent les fournisseurs sur les articles de ménage et de faisance-valoir;

2° N'employer que des outils et instruments de choix, ne consommer que des marchandises saines, de bonne qualité, ayant le poids et la mesure voulus, sans augmentation de prix, à cause des achats faits en gros et de première main; je reviendrai sur ce point;

3° Vous procurer par de prompts bénéfices, non-seulement les moyens de pourvoir à votre salaire, mais encore une répartition de dividende, dès que le bilan annuel vous paraîtra le permettre;

4° Obtenir, d'après toutes les probabilités, des consignations à vendre en gros, ce qui se résume par un encaissement de commission de vente, à moins que l'on ne s'engage à faire des retours coûte que coûte, ce que la Société ne sera jamais obligée de faire, et ne fera pas;

5° Être représentés par un agent ayant le goût et l'expérience des affaires, aussi intéressé au succès que chaque sociétaire, et obligeant pour tous sans préférences;

6° Pouvoir vous concerter à frais communs, partant très-réduits, pour faire tous essais s'annonçant comme profitables pour la culture et la fabrication;

7° Envoyer chercher des immigrants en dehors des convois, dans l'Inde ou tout autre lieu non prohibé, et sans nul doute avec l'assistance du Gouvernement, heureux de voir une association indiquant un progrès.

En un mot, et pour abréger, faire toutes opérations lucratives que ne peuvent tenter des Planteurs isolés.

Oui, Messieurs, tel est l'ensemble des avantages que peuvent procurer 10,000 francs dans une association *entre planteurs*; je souligne *entre planteurs*, parce que, en dehors d'eux, même avec un capital très-élevé, on ne peut gagner autant, surtout à coup sûr, ainsi que je le démontrerai, en faisant une sorte de parallèle entre la manière de procéder des marchands publics et celle de la société telle que je la comprends.

Pour préciser en chiffres, que rapportent les capitaux dans les meilleurs placements en dehors du commerce? Au taux réputé usuraire en France, — au taux le plus élevé que puisse se permettre aux colonies quiconque se respecte, — c'est 12 p. 0/0.

Que rapporteront-ils, honorablement, légitimement, dans l'association que je préconise? 50 à 60 p. 0/0.

Il me reste à prouver cette assertion, par des calculs simples à saisir, faciles à vérifier, par tout Planteur qui voudra s'en donner la peine.

M. G. a fabriqué sur sa propriété 400 barriques de sucre, pour lesquelles il a payé, à raison de 4 fr. 50 cent. par barrique, un magasinage réel, ou fictif, de fr.......... 1,800 00

En n'évaluant qu'à 80,000 francs le produit brut de ces sucres, et en ne portant la commission de vente qu'au taux le plus bas, c'est encore une

A REPORTER.....fr. 1,800 00

Report.....fr.	1,800 00
somme à laisser aux mains du vendeur ou du chargeur, de..............................fr.	2,000 00
Une plantation de cette importance, d'après toutes les données ordinaires, n'a pu consommer, en objets que la société lui aurait fournis, pour une somme moindre de 32,000 francs. Or, à 25 p. 0/0 de bénéfice sur ces fournitures, — au taux le plus usuel, — c'est encore le quart de cette somme à porter en ligne, c'est-à-dire........fr.	8,000 00
Total des profits que M. G. aurait procurés à la société.................................fr.	11,800 00

Dix planteurs dans les mêmes conditions auraient donc pu gagner 118,000 francs, avec une mise sociale de 100,000 francs; ils auraient pu doubler leur capital dans un an!...

Mais, pour ne rien exagérer, et ne laisser aucune objection dans l'ombre, admettons que les 400 barriques de sucre proviennent de deux habitations réunies en une seule, et que, par conséquent, M. G. a mis dans la société part double; il aurait bien toujours gagné 11,800 francs, mais cette somme, au lieu de 118 p. 0/0, ne représenterait que 59 p. 0/0 de bénéfice, ce qui est toujours fort beau.

D'ailleurs, il convient aussi d'ajouter que les dépenses ne diminuent pas, tant s'en faut, dans la même proportion que les produits, puisqu'il en est qui restent à peu près les mêmes sur toutes les propriétés; telles sont celles d'entretien des bâtiments, de ménage, etc. Or, comme les bénéfices s'opèrent plus encore sur les fournitures que sur la commission, il est permis de penser qu'une propriété de 200 barriques, ne nécessitant que 10,000 francs de mise sociale, procurerait plus de 59 p. 0/0, taux fixé et prouvé par les calculs qui précèdent.

Il est vrai, qu'il y aurait à en défalquer les frais généraux; mais, si haut qu'on les évalue, le bénéfice net qui resterait défierait toute comparaison avec ce que le placement le plus avantageux pourrait produire partout ailleurs.

A l'article 2 des avantages de la société, j'ai annoncé que je reviendrai sur la question des marchandises; elle me paraît le mériter.

En effet, tout ce qui est importé aux colonies est de qualité inférieure sous tous les rapports.

Le vin, par exemple, n'est qu'une composition, plus au moins frelatée, contenue dans des fûts qui font perdre aux consommateurs environ 80 litres par tonneau, par le rétrécissement des douelles et l'allongement des jables.

L'huile, qui n'a d'olive que le nom et l'étiquette, est enfermée dans des bouteilles de fantaisie, dont le fond rentrant tend à se réunir aux parois et au bouchon.

En un mot, on sait rarement au juste ce que l'on achète, et je pourrais multiplier les exemples en tout genre, si ce n'était parfaitement inutile, chacun sachant à quoi s'en tenir là-dessus dans nos îles.

Mais la Société ne s'adressera qu'à des correspondants de premier ordre; elle aura soin de leur expliquer que ses commandes sont destinées à son usage et à sa consommation; qu'elle entend donc avoir des qualités et quantités réelles, comme dans la Métropole, et non des qualités et quantités fictives, comme dans les articles importés aux colonies.

Ceci ne pouvant manquer d'être reconnu et apprécié, les Planteurs privés de faire de suite partie de l'association, mais voulant être bien traités; — les familles aisées des villes et bourgs, et même les détaillants jaloux de se faire une réputation hors ligne; en un mot, tous ceux qui en auront la faculté voudront se pourvoir aux magasins de la société, et les bénéfices iront toujours grossissant avec les ventes.

Quelqu'un de vous, Messieurs, me demandera, peut-être, si le taux de 25 p. 0/0, admis dans mes calculs comme terme moyen sur chaque objet vendu, est bien le taux usuel des bénéfices?

Pour le prouver, je pourrais faire bon nombre de citations des plus significatives; mais afin que personne ne puisse croire à des intentions qui sont bien loin de mon esprit, je m'en abstiendrai.

D'ailleurs, je préfère laisser à chacun de vous le plaisir d'aller à la découverte, et pour cela voici la marche à suivre :

Prenez d'abord les comptes de vos commissionnaires et de vos fournisseurs; prenez ensuite les journaux qui publient les cours des marchandises; confrontez, article par article, en ayant égard aux dates, les chiffres de vos comptes à ceux des journaux ; là vous verrez si l'écart entre le prix du gros et celui du demi-gros est de plus ou de moins de 25 p. 0/0; ce sera plus catégorique que toute affirmation ; ce sera la vérité prise sur le fait.

Encore convient-il d'ajouter que les articles dont les cours se publient sont ceux sur lesquels on gagne le moins, tant à cause de cette publicité que de leur fréquent renouvellement, qui permet de moins exiger dans la vente.

Il me reste maintenant à faire le parallèle annoncé à la suite de l'énumération des avantages de l'association.

Quoique gagnant en moyenne 25 p. 0/0, des négociants qui vendent chaque année pour de très-grosses sommes ne réalisent, en fin de compte, que des fortunes médiocres.

Cela est généralement vrai, mais cela tient à des causes qui ne sauraient atteindre la société des Planteurs.

D'abord les négociants publics sont placés dans l'alternative, ou de limiter extrêmement leurs affaires, dans l'espoir de ne pas éprouver des pertes ; ou de les étendre, en faisant des ventes risquées, pour ne pas périr de consomption, et d'avoir ainsi sur les livres une foule de non-valeurs; le résultat définitif est le même : peu de bénéfices réels.

Ensuite, ayant besoin d'être toujours assortis, pour soutenir la concurrence, ils sont contraints d'acheter des notes contenant des articles dont ils n'ont nul besoin, ou en quantités au-dessus de leurs débouchés, et il s'ensuit qu'une portion de leurs achats se détériore ou vieillit, et va finir chez le commissaire-priseur, au-dessous du prix coûtant.

De plus, travaillant au début avec de faibles capitaux, bonne partie de leurs gains est absorbée par l'escompte.

Enfin, et ceci est le point capital, tout négociant colonial, qui n'est pas un revendeur terre à terre, est tenté de spéculer sur les sucres ou sur les denrées alimentaires, et, à moins d'un bonheur inouï, une seule campagne suffit, au moins une fois dans le cours de la vie, pour enlever le bénéfice de dix années de travail. Alors, si on ne succombe pas pour toujours, on est au moins obligé de recommencer.

Mais la société des Planteurs, trouvant en elle-même un aliment perpétuel de ventes et d'achats, évitera l'écueil d'attendre en vain les affaires et celui de courir après elles imprudemment :

—Elle n'achètera que les marchandises reconnues nécessaires à ses membres et aux clients de tout repos qu'elle aura choisis peu à peu.

—Travaillant avec un capital respectable, augmenté sans cesse par l'accumulation de bénéfices sérieux, elle sera à peu près dispensée de recourir à l'escompte.

—Enfin, et surtout, elle s'interdira les hasards de la spéculation, si tentants qu'ils paraissent, ses bénéfices assurés étant suffisants.

En d'autres termes :

—Point de pertes en chômage, le but de la société étant rempli dès qu'elle aura fait les affaires de ses membres, tout le surplus étant un boni ;

—Point de pertes en marchandises, parce qu'il ne sera fait des achats qu'à coup sûr, et en articles de bonne conserve ;

—Point de pertes en comptes, tout client douteux étant éliminé par ordre, et les sociétaires s'assurant entre eux par le fonds social ;

—Point de pertes de hasard, puisque toute spéculation sera interdite.

De tout ce qui précède, Messieurs, je pense qu'il ressort clairement, victorieusement :

— Que tout planteur pouvant s'affranchir du tribut payé aux uns et aux autres doit le faire immédiatement;

— Que, sans courir l'ombre d'un risque et avec une somme minime, mobilisée avec intelligence pendant dix ans, il peut changer sa position du mal au bien;

— Qu'en outre des bénéfices se résumant en espèces, il aura l'avantage agréable et économique de ne jamais employer ou consommer que des objets de choix, à un prix modéré, et celui non moins réel, quoique plus vague, de pouvoir entreprendre des choses utiles, qui sont impossibles pour des hommes isolés;

— Enfin que, pour débuter convenablement, il suffit de dix associés, qu'il ne saurait être difficile de réunir, pourvu qu'un peu de résolution ne manque pas à ceux qui sont dans les conditions désirables.

De quoi s'agit-il après tout?

Il s'agit tout bonnement de travailler vous-mêmes à vos propres affaires, avec la certitude d'améliorer votre sort et celui de votre famille.

Or, à cela, nul ne peut trouver à redire. Votre action, loin d'avoir rien de repréhensible, est éminemment légitime et louable.

Ainsi, Messieurs, rien ne peut vous retenir. A l'œuvre donc, sans hésitation; le succès, un succès prodigieux vous attend.

Quant à moi, malgré les bons motifs qui m'ont inspiré cette lettre, malgré la réserve et la modération dont j'ai tâché de ne pas m'écarter un instant, dans le but de rendre impossible l'accusation d'une personnalité, je m'attends à d'amères critiques, à une vive opposition, de la part de quiconque à intérêt au *statu quo*.

Mais l'homme doit d'abord accomplir son devoir, et le bien vient toujours après, si Dieu le veut ainsi.

Donc j'ai eu une idée; je l'ai mûrie, et je la publie fortifiée d'un cortége d'arguments qui me paraissent propres à assurer sa marche.

Mon seul chagrin serait de voir mon projet repoussé, ou

simplement laissé dans l'oubli, par un pays devenu le mien, à divers titres, depuis de longues années.

Mais non! c'est impossible! Le cœur du pays bat encore! Le projet sera compris, et chaudement accueilli, et immédiatement mis en pratique.

— Alors, dans un temps peu éloigné, une vaste association de tous les propriétaires viables renouvellera la face de notre admirable campagne.

— Alors, les instruments d'exploitation et de fabrication seront perfectionnés, et de nombreux travailleurs remettront en culture tant de belles terres aujourd'hui en friche.

— Alors, au lieu des constructions délabrées et des ruines qui affligent les regards, on verra partout des établissements confortables; car le goût du bien-être naît avec l'aisance, et se répand de proche en proche avec rapidité.

Puissent ces vœux se réaliser, et les noms des dix premiers fondateurs seront bénis à jamais; car, en faisant leur bonheur et celui de leurs familles, ils auront ouvert à la colonie une ère de prospérité.

Tels dix fruits, qu'un enfant a pu tenir dans sa main, se convertissent, avec le temps, en une vaste et ombreuse forêt qui fait le charme et la richesse de toute une contrée.

Je vous prie d'agréer, Messieurs, avec mes sincères civilités, l'assurance de mon entier dévouement.

S. HAURIGOT.

Imprimerie. — Basse-Terre.

www.ingramcontent.com/pod-product-compliance
Ingram Content Group UK Ltd.
Pitfield, Milton Keynes, MK11 3LW, UK
UKHW020453220726
13923UKWH00006B/2523

9 782019 270025